EMG3-0226 J-POP
合唱楽譜＜J-POP＞ CHORUS PIECE

合唱で歌いたい！ J-POPコーラスピース

混声3部合唱

ファンファーレ

作詞・作曲：片岡健太　合唱編曲：榎本智史

••• 曲目解説 •••

4人組ロックバンドのsumikaが、劇場アニメ「君の膵臓をたべたい」オープニングテーマのために書き下ろした楽曲です。明るく爽やかなサウンドの音楽にのせたポジティブな歌詞が、困難に立ち向かう人の背中をそっと押してくれるような温かい一曲。

合唱で歌いたい！ J-POPコーラス

ファンファーレ

作詞・作曲：片岡健太　合唱編曲：榎本智史

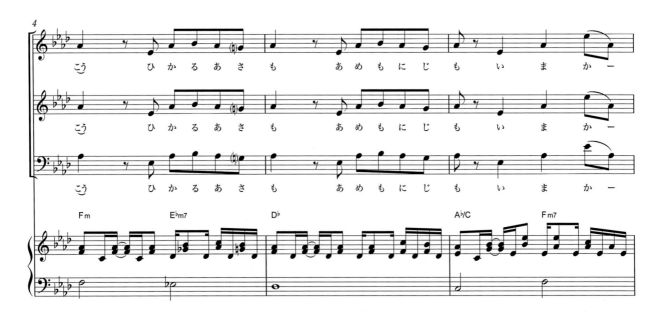

© 2018 by Sony Music Publishing(Japan) Inc.